ANIMALES AMISTOSOS DEL ZOOLÓGICO

GORILAS

AMY CULLIFORD
Traducción de Pablo de la Vega

Un libro de Las Raíces de Crabtree

Crabtree Publishing
crabtreebooks.com

Apoyos de la escuela a los hogares para cuidadores y maestros

Este libro ayuda a los niños en su desarrollo al permitirles practicar la lectura. Abajo están algunas preguntas guía para ayudar al lector a fortalecer sus habilidades de comprensión. En rojo hay algunas opciones de respuesta.

Antes de leer:

- ¿De qué pienso que trata este libro?
    - *Pienso que este libro es sobre los gorilas.*
    - *Pienso que este libro es sobre lo que hacen los gorilas.*
- ¿Qué quiero aprender sobre este tema?
    - *Quiero aprender dónde viven los gorilas.*
    - *Quiero aprender de qué colores puede ser un gorila.*

Durante la lectura:

- Me pregunto por qué...
    - *Me pregunto por qué los gorilas son negros o cafés.*
    - *Me pregunto por qué los gorilas viven en bosques.*
- ¿Qué he aprendido hasta ahora?
    - *Aprendí que a los gorilas les gusta jugar.*
    - *Aprendí que los gorilas pueden ser de distintos colores.*

Después de leer:

- ¿Qué detalles aprendí de este tema?
    - *Aprendí que los gorilas comen fruta.*
    - *Aprendí que los gorilas viven en bosques.*
- Lee el libro una vez más y busca las palabras del vocabulario.
    - *Veo la palabra **gorila** en la página 3 y la palabra **bosque** en la página 4. Las demás palabras del vocabulario están en la página 14.*

Este es un **gorila**.

Este gorila está
en un **bosque**.

La mayoría de los gorilas son negros.

A algunos gorilas les gusta jugar.

Todos los gorilas pueden correr.

Todos los gorilas comen **frutas**.

Lista de palabras

Palabras de uso común

a	la	son
comen	les	todos
de	los	un
es	mayoría	
está	pueden	

Palabras para conocer

bosque

frutas

gorila

33 palabras

Este es un **gorila**.

Este gorila está en un **bosque**.

La mayoría de los gorilas son negros.

A algunos gorilas les gusta jugar.

Todos los gorilas pueden correr.

Todos los gorilas comen **frutas**.

Written by: Amy Culliford
Designed by: Rhea Wallace
Series development: James Earley
Proofreader: Janine Deschenes
Educational consultant:
Marie Lemke M.Ed.
Translation to Spanish:
Pablo de la Vega
Spanish-language layout
and proofread: Base Tres

Photographs: Shutterstock:
svetjekolem: cover; Edwin Butter: p. 1, 9; Musicheart7: p. 3, 14; Gudkov Andrey: p. 5, 14; Travel Faery: p. 7; Michael Verbeek: p. 11; Stayer: p. 12, 14

ANIMALES AMISTOSOS DEL ZOOLÓGICO

GORILAS

Crabtree Publishing

crabtreebooks.com 800-387-7650
 In Canada: We acknowledge the financial support of the Government of Canada through the Canada Book Fund for our publishing activities.

Printed in China/122022/FE08262022

Published in Canada
Crabtree Publishing
616 Welland Avenue
St. Catharines, Ontario
L2M 5V6

Published in the United States
Crabtree Publishing
347 Fifth Avenue
Suite 1402-145
New York, NY 10016

Hardcover 978-1-0396-1730-8
Paperback 978-1-0396-1736-0
Ebook (pdf) 978-1-0396-1742-1
Epub 978-1-0396-1748-3
Read-along 978-1-0396-1754-4
Audio book 978-1-0396-1760-5

Library and Archives Canada Cataloguing in Publication

Title: Gorilas / Amy Culliford ; traducción de Pablo de la Vega.
Other titles: Gorillas. Spanish
Names: Culliford, Amy, 1992- author. | Vega, Pablo de la, translator.
Description: Series statement: Animales amistosos del zoológico | Translation of: Gorillas. | "Un libro de las raíces de Crabtree". | Text in Spanish.
Identifiers: Canadiana (print) 20210231246 | Canadiana (ebook) 20210231254 | ISBN 9781039617308 (hardcover) | ISBN 9781039617360 (softcover) | ISBN 9781039617421 (HTML) | ISBN 9781039617483 (EPUB) | ISBN 9781039617544 (read-along ebook)
Subjects: LCSH: Gorilla—Juvenile literature.
Classification: LCC QL737.P94 C8518 2022 | DDC j599.884—dc23

Library of Congress Cataloging-in-Publication Data

Names: Culliford, Amy, 1992- author.
Title: Gorilas / Amy Culliford ; traducción de Pablo de la Vega.
Other titles: Gorillas. Spanish
Description: New York : Crabtree Publishing, [2022] | Series: Animales amistosos del zoológico - un libro de las raíces de Crabtree | Includes index.
Identifiers: LCCN 2021023805 (print) | LCCN 2021023806 (ebook) | ISBN 9781039617308 (hardcover) | ISBN 9781039617360 (paperback) | ISBN 9781039617421 (ebook) | ISBN 9781039617483 (epub) | ISBN 9781039617544
Subjects: LCSH: Gorilla--Juvenile literature. | Zoo animals--Juvenile literature.
Classification: LCC SF408.6.A64 C8518 2022 (print) | LCC SF408.6.A64 (ebook) | DDC 599.884--dc23
LC record available at https://lccn.loc.gov/2021023805
LC ebook record available at https://lccn.loc.gov/2021023806